FRAUDES

Dans la VENTE des MARCHANDISES

ET FALSIFICATIONS

DES DENRÉES ALIMENTAIRES

ET DES PRODUITS AGRICOLES

LOI DU 1er AOUT 1905
tendant à leur répression

DÉCRET DU 31 JUILLET 1906
portant règlement d'Administration publique

ARRÊTÉ MINISTÉRIEL DU 1er AOUT 1906
pour leur exécution

PARIS

Librairie des Publications Officielles, du Bulletin des Lois

ET DES SCIENCES ÉCONOMIQUES ET SOCIALES

GEORGES ROUSTAN, LIBRAIRE

5, 17, 17 *bis*, quai Voltaire

FRAUDES

Dans la VENTE des MARCHANDISES

ET FALSIFICATIONS

DES DENRÉES ALIMENTAIRES

ET DES PRODUITS AGRICOLES

LOI DU 1er AOUT 1905
tendant à leur répression

DÉCRET DU 31 JUILLET 1906
portant règlement d'Administration publique

ARRÊTÉ MINISTÉRIEL DU 1er AOUT 1906
pour leur exécution

PARIS

Librairie des Publications Officielles, du Bulletin des Lois
ET DES SCIENCES ÉCONOMIQUES ET SOCIALES

GEORGES ROUSTAN, LIBRAIRE
5, 17, 17 *bis*, quai Voltaire

INDEX CHRONOLOGIQUE

FRAUDES

DANS LA VENTE DES MARCHANDISES

ET FALSIFICATIONS DES DENRÉES ALIMENTAIRES

ET DES PRODUITS AGRICOLES

Loi du 1er Août 1905

(Promulguée au Journal officiel *du 5 août 1905.)*

LE SÉNAT ET LA CHAMBRE DES DÉPUTÉS,

LE PRÉSIDENT DE LA RÉPUBLIQUE PROMULGUE LA LOI DONT LA TENEUR SUIT :

Article premier. — Quiconque aura trompé ou tenté de tromper le contractant:

Soit sur la nature, les qualités substantielles, la composition et la teneur en principes utiles de toutes marchandises ;

Soit sur leur espèce ou leur origine lorsque, d'après la convention ou les usages, la désignation de l'espèce ou de l'origine faussement attribuées aux marchandises, devra être considérée comme la cause principale de la vente;

Soit sur la quantité des choses livrées ou sur leur identité par la livraison d'une marchandise autre que la chose déterminée qui a fait l'objet du contrat;

Sera puni de l'emprisonnement, pendant trois mois au moins, un an au plus, et d'une amende de cent francs (100 fr.) au moins, de cinq mille francs (5.000 fr.) au plus, ou de l'une de ces deux peines seulement.

Art. 2. — L'emprisonnement pourra être porté à deux ans, si le délit ou la tentative de délit prévus par l'article précédent ont été commis ;

Soit à l'aide de poids, mesures et autres instruments faux ou inexacts;

Soit à l'aide de manœuvres ou procédés tendant à fausser les opérations de l'analyse ou du dosage, du pesage ou du mesurage, ou bien à modifier frauduleusement la composition, le poids ou le volume des marchandises, même avant ces opérations;

Soit enfin, à l'aide d'indications frauduleuses tendant à faire croire à une opération antérieure et exacte.

Art. 3. — Seront punis des peines portées par l'article 1er de la présente loi:

1o Ceux qui falsifieront des denrées servant à l'alimentation de l'homme ou des animaux, des substances médicamenteuses, des boissons et des produits agricoles ou naturels destinés à être vendus;

2o Ceux qui exposeront, mettront en vente ou vendront des denrées servant à l'alimentation de l'homme ou des animaux, des boissons et des produits agricoles ou naturels qu'ils sauront être falsifiés ou corrompus ou toxiques;

3o Ceux qui exposeront, mettront en vente ou vendront des substances médicamenteuses falsifiées;

4o Ceux qui exposeront, mettront en vente ou vendront, sous forme indiquant leur destination, des produits propres à effectuer la falsification des denrées servant à l'alimentation de l'homme ou des animaux, des boissons ou des produits agricoles ou naturels et ceux qui auront provoqué à leur emploi par le moyen des brochures, circulaires, prospectus, affiches, annonces ou instructions quelconques;

Si la substance falsifiée ou corrompue est nuisible à la santé de l'homme ou des animaux ou si elle est toxique, de même si la substance médicamenteuse falsifiée est nuisible à la santé de l'homme ou des animaux, l'emprisonnement devra être appliqué. Il sera de trois mois à deux ans et l'amende de cinq cents francs (500 fr.) à dix mille francs (10.000 fr.).

Ces peines seront applicables même au cas où la falsification nuisible serait connue de l'acheteur ou du consommateur.

Les dispositions du présent article ne sont pas applicables aux fruits frais et légumes frais fermentés ou corrompus.

Art. 4. — Seront punis d'une amende de cinquante francs (50 fr.) à trois mille francs (3.000 fr.) et d'un emprisonnement de six jours au moins et de trois mois au plus, ou de l'une de ces deux peines seulement:

Ceux qui, sans motifs légitimes, seront trouvés détenteurs dans leurs magasins, boutiques, ateliers, maisons ou voitures servant à leur commerce ainsi que dans les entrepôts, abattoirs et leurs dépendances et dans les gares ou dans les halles, foires et marchés;

Soit de poids ou mesures faux ou autres appareils inexacts servant au pesage ou au mesurage des marchandises;

Soit de denrées servant à l'alimentation de l'homme ou des animaux, de boissons, de produits agricoles ou naturels qu'ils savaient être falsifiés, corrompus ou toxiques;

Soit de substances médicamenteuses falsifiées;

Soit de produits, sous forme indiquant leur destination, propres à effectuer la falsification des denrées servant à l'alimentation de l'homme ou des animaux, ou des produits agricoles ou naturels;

Si la substance alimentaire falsifiée ou corrompue est nuisible à la santé de l'homme ou des animaux ou si elle est toxique, de même si la substance médicamenteuse falsifiée est nuisible à la santé de l'homme ou des animaux, l'emprisonnement devra être appliqué.

Il sera de trois mois à un an et l'amende de cent francs (100 fr.) à cinq mille francs (5.000 fr.).

Les dispositions du présent article ne sont pas applicables aux fruits frais et légumes frais fermentés ou corrompus.

Art. 5. — Sera considéré comme étant en état de récidive légale quiconque ayant été condamné par application de la présente loi ou par application des lois sur les fraudes dans la vente:

1o Des engrais (loi du 4 février 1888);

2o Des vins, cidres et poirés (lois des 14 août 1889, 11 juillet 1891, 24 juillet 1894, 6 avril 1897);

3o Des sérums thérapeutiques (loi du 25 avril 1895);

4o Des beurres (loi du 16 avril 1897);

5o De la saccharine (art. 49 et 53 de la loi du 30 mars 1902);

6o Des sucres (loi du 28 janvier 1903, art. 7; loi du 31 mars 1903, art. 32);

Aura, dans les cinq ans qui suivront la date à laquelle cette condamnation sera devenue définitive, commis un nouveau délit tombant sous l'application de la présente loi ou des lois susvisées.

Au cas de récidive, les peines d'emprisonnement et d'affichage devront être appliquées.

Art. 6. — Les objets dont les vente, usage ou détention constituent le délit, s'ils appartiennent encore au vendeur ou détenteur seront confisqués; les poids et autres instruments de pesage, mesurage ou dosage, faux ou inexacts, devront être aussi confisqués et, de plus, seront brisés.

Si les objets confisqués sont utilisables, le tribunal pourra les mettre à la disposition de l'administration pour être attribués aux établissements d'assistance publique.

S'ils sont inutilisables ou nuisibles, les objets seront détruits ou répandus aux frais du condamné.

Le tribunal pourra ordonner que la destruction ou effusion aura lieu devant l'établissement ou le domicile du condamné.

Art. 7. — Le tribunal pourra ordonner, dans tous les cas, que le jugement de condamnation sera publié intégralement ou par extraits dans les journaux qu'il désignera et affiché dans les lieux qu'il indiquera, notamment aux portes du domicile, des magasins, usines et ateliers du condamné, le tout aux frais du condamné, sans toutefois que les frais de cette publication puissent dépasser le maximum de l'amende encourue.

Lorsque l'affichage sera ordonné, le tribunal fixera les dimensions de l'affiche et les caractères typographiques qui devront être employés pour son impression.

En ce cas et dans tous les autres cas où les tribunaux

sont autorisés à ordonner l'affichage de leur jugement à titre de pénalité pour la répression des fraudes, ils devront fixer le temps pendant lequel cet affichage devra être maintenu sans que la durée en puisse excéder sept jours.

Au cas de suppression, de dissimulation ou de lacération totale ou partielle des affiches ordonnées par le jugement de condamnation, il sera procédé de nouveau à l'exécution intégrale des dispositions du jugement relatives à l'affichage.

Lorsque la suppression, la dissimulation ou la lacération totale ou partielle aura été opérée volontairement par le condamné, à son instigation ou par ses ordres, elle entraînera contre celui-ci l'application d'une peine d'amende de cinquante francs (50 fr.) à mille francs (1.000 fr.).

La récidive de suppression, de dissimulation ou de lacération volontaire d'affiches par le condamné, à son instigation ou par ses ordres, sera punie d'un emprisonnement de six jours à un mois et d'une amende de cent francs (100 fr.) à deux mille francs (2 000 fr.).

Lorsque l'affichage aura été ordonné à la porte des magasins du condamné, l'exécution du jugement ne pourra être entravée par la vente du fonds de commerce réalisée postérieurement à la première décision qui a ordonné l'affichage.

Art. 8. — Toute poursuite exercée en vertu de la présente loi devra être continuée et terminée en vertu des mêmes textes.

L'article 463 du Code pénal sera applicable même au cas de récidive, aux délits prévus par la présente loi.

Le tribunal, en cas de circonstances atténuantes, pourra ne pas ordonner l'affichage et ne pas appliquer l'emprisonnement.

Le sursis à l'exécution des peines d'amende édictées par la présente loi ne pourra être prononcé en vertu de la loi du 26 mars 1891.

Art. 9. — Les amendes prononcées en vertu de la présente loi seront réparties d'après les règles tracées à l'article 11 de la loi de finances du 26 décembre 1890, modifiée par l'article 45 de la loi de finances du 28 avril 1893 et par l'article 84 de la loi de finances du 13 avril 1898[1].

Les délinquants condamnés aux dépens auront à acquitter, de ce chef, en dehors des frais ordinaires et au profit des communes, les frais d'expertise engagés par ces dernières lorsqu'elles auront pris l'initiative de déceler la fraude et d'en saisir la justice (laboratoires municipaux).

La commission départementale peut, sur la proposition du préfet, accorder aux communes qui auront organisé une police municipale alimentaire des subventions prélevées sur le reliquat disponible du fonds commun.

---

1. **Loi de finances du 26 décembre 1890** (art. 11), modifié par les lois des 28 avril 1893 (art. 45) et 13 avril 1898 (art. 84).

Le produit des amendes et condamnations pécuniaires prononcées par les tribunaux répressifs, dont le recouvrement a été confié aux percepteurs par la loi du 29 décembre 1873, est attribué comme suit:

Le produit des amendes en principal est réparti annuellement dans chaque département de la manière suivante:

Vingt pour cent (20 p. 100) pour l'Etat;

Quatre-vingts pour cent (80 p. 100) pour le fonds commun.

Les décimes sur les amendes en principal, les frais de justice, les confiscations, les réparations au profit du Trésor et les droits de poste sont acquis à l'Etat.

Les frais d'extrait d'arrêts et de jugements sont encaissés pour le compte du fonds commun qui en fait l'avance.

Sur le fonds commun sont prélevés, en vertu d'ordonnances de payement du préfet:

1º Les frais de poursuites exposés en vue du recouvrement et tombés en non-valeur.

2º Les gratifications dues aux agents verbalisateurs;

En matière de chasse, à raison de dix francs (10 fr.) par condamnation prononcée;

En matière de pêche fluviale, et par condamnation prononcée:

A raison de deux francs (2 fr.) pour un délit de pêche ordinaire;

A raison de cinq francs (5 fr.) pour un délit de pêche en temps de frai;

A raison de vingt francs (20 fr.) pour un délit de pêche la nuit;

A raison de vingt-cinq francs (25 fr.) pour un délit de pêche la nuit en temps de frai, pour empoisonnement de rivières, pêche à la dynamite ou autres matières explosibles;

En matière de pêche maritime, et par condamnation prononcée:

A raison de deux francs (2 fr.) pour les infractions aux règlements relatifs à la conservation du rivage de la mer, à la récolte des herbes et des amendements marins;

A raison de trois francs (3 fr.) pour les infractions à la police de la navigation constatées à terre ou à la mer, de jour et de nuit;

Art. 10. — En cas d'action pour tromperie ou tentative de tromperie sur l'origine des marchandises, des denrées alimentaires ou des produits agricoles et naturels, le magistrat instructeur ou les tribunaux pourront ordonner la production des registres et documents des diverses administrations et notamment celles des contributions indirectes et des entrepreneurs de transports.

Art. 11. — Il sera statué par des règlements d'administration publique sur les mesures à prendre pour assurer

---

A raison de cinq francs (5 fr.) pour les infractions à la police de la pêche constatées à terre de jour et de nuit;

A raison de dix francs (10 fr.) pour les infractions à la police de la pêche constatées en mer, et de jour;

A raison de vingt francs (20 fr.) pour les infractions à la police de la pêche constatées en mer, et de nuit;

A raison de vingt-cinq francs (25 fr.) pour les infractions au règlement sur la pêche à la dynamite constatées à terre ou à la mer, de jour ou de nuit;

En matière de fraude dans les commerces de beurre et de margarine, à raison de vingt-cinq francs (25 fr.) par condamnation recouvrée;

Et en toute matière donnant lieu à gratification, à raison de un franc vingt-cinq (1 fr. 25) par condamnation recouvrée;

3° Le payement des droits dus aux greffiers des cours et tribunaux pour les extraits d'arrêts et de jugements adressés dans les délais réglementaires au service du recouvrement.

Ces prélèvements opérés, le reste du fonds commun est attribué, savoir:

Un quart au service des enfants assistés;

Trois quarts aux communes ou aux bureaux de bienfaisance qui éprouveront le plus de besoins, suivant la répartition faite par la commission départementale sur les propositions du préfet.

En cas de transaction ou de remise sur amendes encourues ou prononcées, la gratification due à l'agent verbalisateur est toujours réservée.

Les frais de perception des amendes et condamnations pécuniaires, les frais d'abonnement au *Journal officiel des communes* (chefs-lieux de canton) et une allocation fixe de quinze mille francs (15.000 fr.) à verser annuellement à la caisse des invalides de la marine, en représentation du produit des amendes qui lui sont attribuées par les lois et règlements, sont compris parmi les dépenses du budget de l'Etat.

Les dispositions qui précèdent sont applicables à l'Algérie.

Sont abrogées toutes les dispositions contraires au présent article.

l'exécution de la présente loi, notamment en ce qui concerne:

1o La vente, la mise en vente, l'exposition et la détention des denrées, boissons, substances et produits qui donneront lieu à l'application de la présente loi;

2o Les inscriptions et marques indiquant soit la composition, soit l'origine des marchandises, soit les appellations régionales et de crus particuliers que les acheteurs pourront exiger sur les factures, sur les emballages ou sur les produits eux-mêmes, à titre de garantie de la part des vendeurs, ainsi que les indications extérieures ou apparentes nécessaires pour assurer la loyauté de la vente et de la mise en vente;

3o Les formalités prescrites pour opérer des prélèvements d'échantillons et procéder contradictoirement aux expertises sur les marchandises suspectées;

4o Le choix des méthodes d'analyses destinées à établir la composition, les éléments constitutifs et la teneur en principes utiles des produits ou à reconnaître leur falsification;

5o Les autorités qualifiées pour rechercher et constater les infractions à la présente loi, ainsi que les pouvoirs qui leur seront conférés pour recueillir des éléments d'information auprès des diverses administrations publiques et des concessionnaires de transports.

Art 12. — Toutes les expertises nécessitées par l'application de la présente loi seront contradictoires et le prix des échantillons reconnus bons sera remboursé d'après leur valeur le jour du prélèvement.

Art. 13. — Les infractions aux prescriptions des règlements d'administration publique, pris en vertu de l'article précédent seront punies d'une amende de seize francs (16 fr.) à cinquante francs (50 fr.).

Au cas de récidive dans l'année de la condamnation, l'amende sera de cinquante francs (50 fr.) à cinq cents francs (500 fr)..

Au cas de nouvelle infraction constatée dans l'année qui suivra la deuxième condamnation, l'amende sera de cinq cents francs (500 fr.) à mille francs (1.000 fr.) et un emprisonnement de six jours à quinze jours pourra être prononcé.

Art. 14. — L'article 423, le paragraphe 2 de l'article 477 du Code pénal, la loi du 27 mars 1851 tendant à la répression plus efficace de certaines fraudes dans la vente des marchandises, la loi des 5 et 9 mai 1855 sur la répression des fraudes dans la vente des boissons, sont abrogés.

Néanmoins, les incapacités électorales édictées par la loi du 24 janvier 1889 continueront à être appliquées comme conséquence des peines prononcées en vertu de la présente loi.

Art. 15. — Les pénalités de la présente loi et ses dispositions en ce qui concerne l'affichage et les infractions aux règlements d'administration publique rendus pour son exécution sont applicables aux lois spéciales concernant la répression des fraudes dans le commerce des engrais, des vins, cidres et poirés, des sérums thérapeutiques, du beurre et la fabrication de la margarine. Elles sont substituées aux pénalités et dispositions de l'article 423 du Code pénal et de la loi du 27 mars 1851 dans tous les cas où des lois postérieures renvoient aux textes desdites lois, notamment dans les :

Article 1er de la loi du 28 juillet 1824 sur altérations de noms ou suppositions de noms sur les produits fabriqués ;

Articles 1er et 2 de la loi du 4 février 1888 concernant la répression des fraudes dans le commerce des engrais ;

Articles 7 de la loi du 14 août 1889, 2 de la loi du 11 juillet 1891 et 1er de la loi du 24 juillet 1894 relatives aux fraudes commises dans la vente des vins ;

Article 3 de la loi du 25 avril 1895 relative à la vente des sérums thérapeutiques ;

Article 3 de la loi du 6 avril 1897 concernant les vins, cidres et poirés ;

Articles 17, 19 et 20 de la loi du 16 avril 1897 concernant la répression de la fraude dans le commerce du beurre et la fabrication de la margarine.

La pénalité d'affichage est rendue applicable aux infractions prévues et punies par les articles 49 et 53 de la loi de finances du 30 mars 1902, 7 de la loi du 28 janvier 1903, 32 de la loi de finances du 31 mars 1903 et par les articles 2 et 3 de la loi du 18 juillet 1904.

Art. 16. — La présente loi est applicable à l'Algérie et aux colonies.

La présente loi, délibérée et adoptée par le Sénat et par la Chambre des députés, sera exécutée comme loi de l'Etat.

Fait à Paris, le 1er août 1905.

Signé : ÉMILE LOUBET.

Le Ministre de l'agriculture,
Signé : RUAU.

Décret du 3 Juillet 1906

portant règlement d'administration publique pour l'application de la loi du 1er août 1905 sur la répression des fraudes et falsifications, en ce qui concerne les boissons, les denrées alimentaires et les produits agricoles.

LE PRÉSIDENT DE LA RÉPUBLIQUE FRANÇAISE.

Sur le rapport des ministres de la justice, de l'intérieur, des finances, de l'agriculture et du commerce, de l'industrie et du travail;

Vu la loi du 1er août 1905 sur la répression des fraudes dans la vente des marchandises et des falsifications des denrées alimentaires et des produits agricoles et, notamment l'article 11 ainsi conçu:

« Il sera statué par des règlements d'administration publique sur les mesures à prendre pour assurer l'exécution de la présente loi; notamment en ce qui concerne:

. . . .

« 3o Les formalités prescrites pour opérer des prélèvements d'échantillons et procéder contradictoirement aux expertises sur les marchandises suspectes;

« 4o Le choix des méthodes d'analyse destinées à établir la composition, les éléments constitutifs et la teneur en principes utiles des produits ou à reconnaître leur falsification;

« 5o Les autorités qualifiées pour rechercher et constater les infractions à la présente loi, ainsi que les pouvoirs qui leur seront conférés pour recueillir des éléments d'information auprès des diverses administrations publiques et des concessionnaires de transports »;

Le Conseil d'Etat entendu,

DÉCRÈTE :

TITRE Ier

ORGANISATION ET FONCTIONNEMENT DU SERVICE DES PRÉLÈVEMENTS

Article premier. — Le service chargé de rechercher et de constater les infractions à la loi du 1er août 1905 est organisé par l'Etat, avec le concours éventuel des départements et des communes.

Le fonctionnement de ce service est assuré, sous l'autorité du ministre de la justice, du ministre de l'agriculture, et du ministre du commerce, de l'industrie et du travail, dans les départements par les préfets, à Paris et dans le ressort de la préfecture de police par le préfet de police.

Art 2. — Les autorités qui ont qualité pour opérer des prélèvements sont:

Les commissaires de police.

Les commissaires de la police spéciale des chemins de fer et des ports.

Les agents des contributions indirectes et des douanes agissant à l'occasion de l'exercice de leurs fonctions.

Les inspecteurs des halles, foires, marchés et abattoirs.

Les agents des octrois et les vétérinaires sanitaires peuvent être individuellement désignés par les préfets pour concourir à l'application de la loi du 1er août 1905 et commissionnés par eux à cet effet.

Dans le cas où des agents spéciaux seraient institués par les départements ou les communes pour concourir à l'application de ladite loi, ces agents devront être agréés et commissionnés par les préfets.

Art. 3. — Une commission permanente est instituée près les ministères de l'agriculture et du commerce, de l'industrie et du travail pour l'examen des questions d'ordre scientifique que comporte l'application de la loi du 1er août 1905. Cette commission est obligatoirement consultée pour la détermination des conditions matérielles des prélèvements, l'organisation des laboratoires et la fixation des méthodes d'analyse à imposer à ces établissements.

Art. 4. — Des prélèvements d'échantillons peuvent, en toutes circonstances, être opérés d'office dans les magasins, boutiques, ateliers, voitures servant au commerce, ainsi que dans les entrepôts, les abattoirs et leurs dépendances, les halles, foires et marchés, et dans les gares ou ports de départ et d'arrivée.

Les prélèvements sont obligatoires dans tous les cas où les boissons, denrées ou produits paraissent falsifiés, corrompus ou toxiques.

Les administrations publiques sont tenues de fournir aux agents désignés à l'article 2 tous éléments d'information nécessaires à l'exécution de la loi du 1er août 1905.

Les entrepreneurs de transport sont tenus de n'apporter aucun obstacle aux réquisitions pour prises d'échantillons et de représenter les titres de mouvement, lettres de voiture, récépissés, connaissements et déclarations dont ils sont détenteurs.

Art. 5. — Tout prélèvement comporte quatre échantillons, l'un destiné au laboratoire pour analyse, les trois autres éventuellement destinés aux experts.

Art. 6. — Tout prélèvement donne lieu, séance tenante, à la rédaction sur papier libre d'un procès-verbal.

Ce procès-verbal doit porter les mentions suivantes:

1o Les nom, prénoms, qualité et résidence de l'agent verbalisateur;

2o La date, l'heure et le lieu où le prélèvement a été effectué;

3o Les nom, prénoms, profession, domicile ou résidence de la personne chez laquelle le prélèvement a été opéré. Si le prélèvement a lieu en cours de route, les noms et do-

miciles des personnes figurant sur les lettres de voiture
ou connaissements comme expéditeurs et destinataires;

4° La signature de l'agent verbalisateur.

Le procès-verbal doit, en outre, contenir un exposé suc-
cint des circonstances dans lesquelles le prélèvement a
été opéré, relater les marques et étiquettes apposées sur
les enveloppes ou récipients, l'importance du lot de marchandise échantillonné, ainsi que toutes les indications
jugées utiles pour établir l'authenticité des échantillons
prélevés et l'identité de la marchandise.

Le propriétaire ou détenteur de la marchandise, ou,
le cas échéant, le représentant de l'entreprise de transport peut, en outre, faire insérer au procès-verbal toutes
les déclarations qu'il juge utiles. Il est invité à signer le
procès-verbal; en cas de refus, mention en est faite à l'a-
gent verbalisateur.

Art. 7. — Les prélèvements doivent être effectués de
telle sorte que les quatre échantillons soient autant que
possible identiques.

A cet effet, des arrêtés ministériels, pris de concert entre
le ministre de l'agriculture et le ministre du commerce,
de l'industrie et du travail, sur la proposition de la commission permanente, déterminent, pour chaque produit ou
marchandise, la quantité à prélever, les procédés à employer pour obtenir des échantillons homogènes, ainsi que
les précautions à prendre pour le transport et la conservation de ces échantillons.

Art. 8. — Tout échantillon prélevé est mis sous scellés.
Ces scellés sont appliqués sur une étiquette composée
de deux parties pouvant se séparer et être ultérieurement
rapprochées, savoir:

1° Un talon qui ne sera enlevé que par le chimiste au
laboratoire après vérification du scellé. Ce talon ne doit
porter que les indications suivantes: nature du produit,
dénomination sous laquelle il est mis en vente, date du
prélèvement et numéro sous lequel les échantillons sont
enregistrés au moment de leur réception par le service
administratif;

2° Un volant qui porte ces mêmes mentions, mais où

scnt inscrits, en outre, les nom et adresse du propriétaire
ou détenteur de la marchandise, ou en cas de prélèvement en cours de route, ceux des expéditeurs et destinataires.

Ce volant est signé par l'auteur du procès-verbal.

Art 9. — Aussitôt après avoir scellé les échantillons,
l'agent verbalisateur s'il est en présence du propriétaire
ou détenteur de la marchandise, doit le mettre en demeure
de déclarer la valeur des échantillons prélevés.

Le procès-verbal mentionne cette mise en demeure et
la réponse qui a été faite.

Un récépissé détaché d'un livre à souche est remis au
propriétaire ou détenteur de la marchandise. Il y est
fait mention de la valeur déclarée.

En cas de prélèvement en cours de route, le représentant de l'entreprise de transport reçoit, pour sa décharge,
un récépissé indiquant la nature et la quantité des marchandises prélevées.

Art. 10. — Le procès-verbal et les échantillons sont,
dans les vingt-quatre heures, envoyés par l'agent verbalisateur à la préfecture du département où le prélèvement
a été effectué et, à Paris ou dans le ressort de la préfecture de police, au préfet de police.

Toutefois, en vue de faciliter l'application de la loi,
des décisions ministérielles pourront autoriser l'envoi des
échantillons aux sous-préfectures ou à tout autre service
administratif.

Le service administratif qui reçoit ce dépôt l'enregistre,
inscrit le numéro d'entrée sur les deux parties de l'étiquette que porte chaque échantillon et, dans les vingt-
quatre heures, transmet l'un de ces échantillons au laboratoire dans le ressort duquel le prélèvement a été effectué.

Le talon seul suit l'échantillon au laboratoire.

Le volant, préalablement détaché, est annexé au procès-verbal. Les trois autres échantillons sont conservés
par la préfecture.

Toutefois, si la nature des denrées ou produits exige
des mesures spéciales de conservation, les quatre échan-

tillons sont envoyés au laboratoire, où ces mesures sont prises conformément aux arrêtés ministériels prévus à l'article 7. Dans ce cas, les quatre volants sont détachés des talons et annexés au procès-verbal.

Art. 11. — Les laboratoires créés par les départements et les communes peuvent être admis, concurremment avec ceux de l'Etat, à procéder aux analyses lorsqu'ils ont été reconnus en état d'assurer ce service et agréés par une décision ministérielle prise sur l'avis conforme de la commission permanente.

TITRE II

FONCTIONNEMENT DES LABORATOIRES

Art 12. — Des arrêtés ministériels pris de concert entre le ministre de l'agriculture et le ministre du commerce, de l'industrie et du travail, déterminent le ressort des laboratoires admis à procéder à l'analyse des échantillons.

Pour l'examen des échantillons, les laboratoires ne peuvent employer que les méthodes indiquées par la commission permanente.

Ces analyses sont à la fois d'ordre qualitatif et quantitatif. L'examen comprend notamment les recherches microscopiques, spectroscopiques, polarimétriques, réfractométriques, cryoscopiques, susceptibles de fournir des indications sur la pureté des produits, la recherche des antiseptiques et des colorants étrangers.

Ces méthodes sont décrites en détail par des arrêtés pris de concert entre le ministre de l'agriculture et le ministre du commerce, de l'industrie et du travail, après avis de la commission permanente.

Art. 13. — Le laboratoire qui a reçu pour analyse un échantillon dresse, dans les huit jours de la réception, un rapport où sont consignés les résultats de l'examen et des analyses auxquels cet échantillon a donné lieu.

Ce rapport est adressé au préfet du département d'où provient l'échantillon; à Paris et dans le ressort de la préfecture de police, le rapport est adressé au préfet de police.

Art. 14. — Si le rapport du laboratoire ne révèle aucune infraction à la loi du 1er août 1905, le préfet en avise sans délai l'intéressé.

Dans ce cas, si le remboursement des échantillons est demandé, il s'opère d'après leur valeur au jour du prélèvement, aux frais de l'Etat, au moyen d'un mandat délivré par le préfet, sur représentation du récépissé prévu à l'article 9.

Art. 15. — Dans le cas où le rapport du laboratoire signale une infraction à la loi du 1er août 1905, le préfet transmet sans délai ce rapport au procureur de la République.

Il y joint le procès-verbal et les trois échantillons réservés.

S'il s'agit de vins, bières, cidres, alcools ou liqueurs, avis doit être donné par le préfet au directeur des contributions indirectes du département.

Art. 16. — Des arrêtés ministériels, pris de concert entre le ministre de l'agriculture et le ministre du commerce, de l'industrie et du travail, déterminent dans quelle forme les laboratoires doivent rendre compte périodiquement aux préfets du nombre des échantillons analysés, du résultat de ces analyses et signaler les nouveaux procédés de fraude révélés par l'examen des échantillons.

TITRE III

FONCTIONNEMENT DE L'EXPERTISE CONTRADICTOIRE

Art. 17. — Le Procureur de la République informe l'auteur présumé de la fraude qu'il est l'objet d'une poursuite. Il l'avise qu'il peut prendre communication du rapport du directeur du laboratoire et qu'un délai de trois jours francs lui est imparti pour faire connaître s'il réclame l'expertise contradictoire prévue à l'article 12 de la loi du 1er août 1905.

Art. 18. — S'il y a lieu à expertise, il est procédé à la nomination de deux experts, l'un désigné par le juge d'instruction. l'autre par la personne contre laquelle l'instruction est ouverte. Celle-ci a toutefois le droit de renoncer à cette désignation et de s'en rapporter aux conclusions de l'expert désigné par le juge.

Les experts sont choisis sur les listes spéciales de chimistes experts dressées, dans chaque ressort, par les cours d'appel ou les tribunaux civils.

L'inculpé pourra toutefois choisir son expert sur les listes dressées par la cour d'appel ou le tribunal civil du ressort d'où il aura déclaré que provient la marchandise suspecte.

Art. 19. — Chaque expert est mis en possession d'un échantillon.

Le juge d'instruction donne communication aux experts des procès-verbaux de prélèvement ainsi que des factures, lettres de voiture, pièces de régie, et d'une façon générale, de tous les documents que la personne mise en cause a jugé utile de produire ou que le juge s'est fait remettre.

Aucune méthode officielle n'est imposée aux experts.

Ils opèrent à leur gré, ensemble ou séparément, chacun d'eux étant libre d'employer les procédés qui lui paraissent le mieux appropriés.

Leurs conclusions sont formulées dans des rapports qui sont déposés dans le délai fixé par l'ordonnance du juge.

Art 20. — Si les experts sont en désaccord, ils désignent un tiers expert pour les départager. A défaut d'entente pour le choix de ce tiers expert, il est désigné par le président du tribunal civil.

Le tiers expert peut être choisi en dehors des listes officielles.

Art. 21. — Sur la demande des experts ou sur celle de la personne mise en cause, des dégustateurs, choisis dans les mêmes conditions que les autres experts, sont commis pour examiner les échantillons.

Art. 22. — Lorsque des poursuites sont décidées, s'il s'agit de vins, bières, cidres, alcools ou liqueurs, le procureur de la République devra faire connaître au directeur des contributions indirectes ou à son représentant, dix jours au moins à l'avance, le jour et l'heure de l'audience à laquelle l'affaire sera appelée.

Art. 23. — Il n'est rien innové quant à la procédure suivie par l'administration des douanes et par l'administration des contributions indirectes pour la constatation et la poursuite de faits constituant à la fois une contravention fiscale et une infraction aux prescriptions de la loi du 1er août 1905.

Art. 24. — En cas de non-lieu ou d'acquittement, le remboursement de la valeur des échantillons s'effectue dans les conditions prévues à l'article 14 ci-dessus.

Art. 25. — Il sera statué ultérieurement sur les conditions d'application de la loi du 1er août 1905 à l'Algérie et aux colonies.

Art. 26. — Le président du Conseil, garde des sceaux, ministre de la justice, le ministre de l'intérieur, le ministre des finances, le ministre de l'agriculture, le ministre du commerce, de l'industrie et du travail, sont chargés, chacun en ce qui le concerne, de l'exécution du présent décret qui sera publié au *Journal officiel* et inséré au *Bulletin des lois.*

Fait à Rambouillet, le 31 juillet 1906.

Signé : A. FALLIÈRES.

Le Président du Conseil, Garde des sceaux, Ministre de la justice,
Signé : F. SARRIEN.

Le Ministre de l'intérieur,
Signé : G. CLEMENCEAU.

Le Ministre des finances,
Signé : R. POINCARÉ.

Le Ministre de l'agriculture,
Signé : RUAU.

Le Ministre du commerce, de l'industrie, et du travail.
Signé : Gaston DOUMERGUE.

MINISTÈRE DE L'AGRICULTURE

Arrêté du 1ᵉʳ Août 1906

fixant les mesures à prendre pour le prélèvement des échantillons en exécution de la loi du 1ᵉʳ août 1905 et du décret portant règlement d'administration publique du 31 juillet 1906 sur la répression des fraudes.

Le ministre de l'agriculture, le ministre du commerce, du travail et de l'industrie,

Vu la loi du 1er août 1905 sur la répression des fraudes dans la vente des marchandises et des falsifications des denrées alimentaires et des produits agricoles;

Vu le règlement d'administration publique en date du 31 juillet 1906, rendu par l'application de la loi;

Vu notamment l'article 3 dudit décret établissant que l'avis de la commission technique permanente instituée par décret du 15 décembre 1905 est obligatoire pour la détermination des conditions matérielles des prélèvements d'échantillons;

Vu l'article 7 du même décret, portant que la commission technique permanente déterminera pour chaque produit la quantité à prélever, les précautions à prendre pour le transport et la conservation des échantillons et enfin les procédés à employer pour obtenir des échantillons bien homogènes;

Vu l'avis de la commission technique permanente;

Sur le rapport du directeur de l'agriculture,

Arrêtent:

Article premier. — Chaque prélèvement comporte toujours la prise de quatre échantillons.

Ces quatre échantillons doivent être identiques.

Art. 2. — Les échantillons prélevés doivent remplir les conditions suivantes :

I. — LIQUIDES

A. — Liquides vendus en litres, demi-litres, bouteilles, demi-bouteilles, flacons, cruchons, portant des cachets, marques et étiquettes d'origine.

1. *Vins, vinaigres, cidres, poirés.* — Un litre (1 l.) ou une bouteille par échantillon.

2. *Bières.* — Une bouteille ou une canette.

3. *Eaux-de-vie, cognac, armagnac, rhum, kirsch, apéritifs divers, liqueurs, sirops.* — Une bouteille de 75 centilitres ou un demi-litre par échantillon.

4. *Huiles.* — Une bouteille ou une carafe d'un demi-kilo-gramme (1/2 kg.) par échantillon.

5. *Lait stérilisé.* — Une bouteille ou une carafe d'un demi-litre (1/2 l.) par échantillon.

6. *Eau-de-vie blanche, esprit-de-vin, alcool dénaturé, alcool à brûler.*

(Ces produits sont généralement vendus en litres.)

Déboucher l'un de ces litres et en partager le contenu dans quatre flacons d'un quart de litre (1/4 l.) propres et secs qu'on bouchera avec des bouchons neufs.

On mentionnera au procès-verbal la disposition et le libellé des étiquettes portées sur le litre ainsi employé; si possible, décoller ces étiquettes et les joindre au procès-verbal.

B. — Liquides contenus dans des fûts, réservoirs, bidons, estagnons, intacts ou en vidange.

Les quatre échantillons devront provenir d'un même récipient. Si celui-ci n'est pas encore entamé, s'il est in-tact, on devra relever minutieusement toutes les marques, cachets ou inscriptions dont le récipient est revêtu pour les mentionner au procès-verbal, avant de procéder au pré-lèvement, lequel se fera, soit en piquant le fût avec un foret ou une vrille, soit par tout autre moyen approprié.

On tirera dans un vase quelconque, sec et propre (ba-quet, terrine, broc, etc.), une quantité de liquide suffisante pour constituer les quatre échantillons, puis on répartira ce liquide entre les quatre bouteilles de prélèvement.

Si l'on ne dispose pas d'un vase sec et propre, et qu'on soit dans l'obligation de remplir les quatre bouteilles de prélèvement en tirant directement au fût, par exemple, on devra s'y prendre à deux reprises, c'est-à-dire qu'on commencera par remplir les quatre bouteilles à moitié seulement, puis on les reprendra, dans le même ordre, pour achever de les remplir.

On indiquera soigneusement au procès-verbal la nature du récipient d'où l'on aura tiré le liquide prélevé, sa contenance approximative et, s'il était en vidange, la quantité de liquide qu'il contenait encore au moment du prélèvement.

Dans le cas où le liquide a été mis en bouteilles prêtes à la vente, par le détaillant, on débouchera un nombre suffisant de bouteilles dont on mélangera le contenu dans un vase sec et propre, on remplira avec ce liquide les quatre bouteilles de prélèvement.

Les précautions spéciales à chaque cas, ainsi que les quantités à prélever pour chaque échantillon, sont indiquées ci-après:

Les bouteilles de prélèvement devront toujours être propres et sèches, complètement remplies et bouchées avec des bouchons de liège neufs.

7. *Vins*. — Bouteilles d'un litre (1 l.) ou de 800 centimètres cubes au moins, autant que possible en verre blanc, entièrement propres, sèches, sans aucune odeur.

Elles seront, si elles ont déjà servi, lavées à l'eau de cristaux à cinq pour cent (5 p. 100), rincées à l'eau froide, puis complètement égouttées. Si elles doivent servir aussitôt après le lavage, elles subiront un second rinçage avec un centilitre (1 cl.) du vin prélevé.

Sur wagon-réservoir la prise du volume nécessaire se fera par le robinet de tirage après avoir laissé écouler et rejeter le premier centilitre.

Sur fût, la prise se fera à l'aide d'un trou de fausset fait au foret sur l'un des fonds, à dix centimètres (10 cm.) environ des bords; le trou sera garni d'un ajutage métallique d'écoulement et celui-ci assuré par un trou de fausset fait à la partie supérieure du fût.

On devra avoir soin que les bouteilles ne soient pas plus froides que le vin au moment de l'embouteillage.

8. *Laits.* — Un quart de litre (1/4 l.) par échantillon, soit un litre (1 l.) pour les quatre échantillons. On prélèvera dans des bouteilles de verre blanc propres, sèches et sans odeur. Avant de les boucher, on introduira dans chacune d'elles une pastille rouge spéciale de bichromate de potasse.

Lorsque le prélèvement portera sur du lait en cours de débit, c'est-à-dire placé dans une terrine, sur le comptoir ou dans un pot ouvert, on mélangera soigneusement avec une louche le lait avec la crème montée à la surface avant de remplir les bouteilles de prélèvement.

Si le prélèvement porte sur des pots ou bidons intacts, on relèvera la nature des cachets et des marques dont ils sont revêtus avant de procéder à leur ouverture; on en fera mention au procès-verbal.

On transvasera le lait du pot sur lequel on se propose de faire un prélèvement dans un pot vide semblable, puis on le renversera dans le premier; ce double transvasement n'a d'autre but que de rendre le liquide homogène, c'est-à-dire de mélanger le lait avec sa crème. On prélèvera alors le lait au moyen d'une louche et en se servant d'un entonnoir on remplira les quatres bouteilles.

Si l'on ne dispose pas d'un pot vide plour effectuer le transvasement favorable au mélange du lait avec sa crème, on agitera fortement le pot avant de l'ouvrir, puis on s'efforcera d'en rendre le contenu homogène en le brassant avec une louche, on devra alors en verser quelques litres dans un vase quelconque sec et propre et se servir de ce liquide pour remplir les quatre fioles de prélèvement. Si l'on ne dispose d'aucun vase sec, propre et convenable, on prendra directement dans le pot avec la louche et on remplira tout d'abord les bouteilles de prélèvement à moitié seulement, puis on les reprendra dans le même ordre pour achever de les remplir.

On pourra faire autant de prélèvements c'est-à-dire prélever autant de fois quatre échantillons qu'il y a de pots.

On pourra aussi faire un prélèvement moyen sur plusieurs pots. Dans ce cas, après avoir agité soigneusement ceux-ci on versera quelques litres de chacun d'eux dans un pot vide, ou dans un vase sec et propre et on remplira les fioles de prélèvement avec ce mélange.

On indiquera au procès-verbal le nombre de pots ainsi employés à ce prélèvement moyen, ainsi que les marques et cachets dont ils étaient revêtus. On devra se munir, pour les prélèvements de laits, d'une louche et d'un entonnoir.

9. *Bières, cidres et poirés*. — Prélever un litre (1 l.) environ par échantillon, dans des bouteilles résistantes (les bouteilles du genre Vichy suffisent). Le bouchon devra être maintenu soit avec une ficelle, soit avec un fil de fer.

Dans le cas de la bière, si celle-ci est tirée au fût au moyen d'une pompe, on aura soin de laisser perdre le liquide qui a séjourné dans les tuyaux de la pompe, soit un quart (1/4) ou un demi-litre (1/2 l.), avant de faire le prélèvement.

10. *Vinaigre*. — Un litre (1 l.).

11. *Eaux-de-vie, cognac, armagnac, rhum, kirsch, marcs, apéritifs divers* (absinthe, vermouth, bitter, amers, quinquinas, etc.), *liqueurs, sirops*. — Un demi-litre (1/2 l.).

12. *Huiles*. — Un quart de litre (1/4 l.).

Si on constate la présence d'un dépôt ou si l'huile s'est épaissie, ce qui est le cas pour certaines huiles en hiver, on devra mélanger et prélever l'huile trouble. On devra prélever les échantillons dans des fioles d'un quart de litre (1/4 l.), en verre blanc, autant que possible.

13. *Eau-de-vie blanche, esprit-de-vin, alcool à brûler, alcool dénaturé*. — Un quart de litre.

MATIÈRES GRASSES, PATEUSES, SEMI-FLUIDES
(A prélever en pots ou bocaux.)

Pour les produits vendus en pots ou bocaux d'origine, on prélèvera quatre échantillons semblables, après s'être assuré que leurs marques, étiquettes ou cachets sont identiques.

14. *Moutardes*. — Pots de soixante-quinze grammes (75 gr.) environ.

15. *Confitures, miels.* — Pots de deux cent cinquante grammes (250 gr.).

Pour les produits vendus au détail on placera les échantillons dans des pots de verre, de porcelaine, de terre vernissée du genre des pots employés habituellement pour les confitures ; on s'assurera qu'ils sont propres et secs. La matière prélevée sera recouverte d'un disque de papier paraffiné, parcheminé ou même de papier blanc ordinaire, puis on recouvrira le pot d'un papier propre, solide, que l'on liera avec une ficelle.

16. *Beurres, graisses alimentaires diverses, saindoux, fromages mous.* — Deux cents grammes (200 gr.) par échantillon.

Pour les beurres, quand le prélèvement se fera sur la motte, on se servira du fil, du couteau ou de la sonde et on aura soin de prendre en tous les points, en se rappelant que certaines mottes sont fourrées, c'est-à-dire que le milieu n'a pas la même qualité que l'extérieur. On prendra ainsi environ huit cents grammes (800 gr.) de matière qu'on malaxera au couteau, sur une feuille de papier, et dont on fera quatre parts semblables, qui seront placées dans les pots de prélèvement.

17. *Confitures, compotes, miels.* — Deux cents grammes (200 gr.) par échantillon.

Prendre toutes précautions pour assurer la ressemblance des échantillons.

18. *Gâteaux moux* (éclairs, tartes, etc.). — Cent vingt-cinq grammes (125 gr.) par échantillon.

On constituera les échantillons par un même nombre de gâteaux semblables, si ceux-ci sont petits. S'il s'agit d'une pâtisserie, on prendra des tranches semblables.

19. *Moutarde en pâte.* — Soixante-quinze grammes (75 gr.) environ par échantillon.

Dans ce cas le prélèvement ne se fera plus en pots du genre des pots à confiture, comme précédemment : on emploiera de petits pots de cent grammes (100 gr.) qui pourront être bouchés au liège.

On recouvrira le bouchon d'une feuille de papier qui sera fixée au moyen d'une ficelle.

III. — MATIÈRES A PRÉLEVER EN BOCAUX POUR ÉVITER
LA DESSICCATION

Ces produits seront prélevés dans des bocaux propres et secs qui seront bouchés avec un bouchon de liège propre et sans odeur. Le bouchon sera recouvert d'une feuille de papier qu'on liera sur le col du bocal avec de la ficelle.

On prélèvera environ un kilogramme (1 kg.) de matières qu'on étalera sur une feuille de papier propre, puis, après avoir bien mélangé, on fera quatre tas semblables, égaux, qui constitueront les échantillons de prélèvement de deux cent cinquante grammes (250 gr.) environ.

20. *Cafés verts et grillés, en grains ou moulus.* — Dans le cas d'un café en poudre on prélèvera en même temps, quand cela sera possible, le café grillé en grains dont le café moulu est dit provenir.

21. *Farines.* — Si le prélèvement porte sur un sac scellé, on prendra à la sonde dans toutes les parties du sac; on recueillera le produit des sondages sur une feuille de papier jusqu'à ce que l'on ait obtenu la quantité nécessaire aux quatre échantillons.

22. *Sel de table, sel marin, sel raffiné, sel blanc.* — S'ils sont en boîtes ou en flacons d'origine, on en prélèvera quatre échantillons semblables de deux cent cinquante grammes (250 gr.).

IV. — PRODUITS SOLIDES OU EN POUDRE

Lorsque ces produits seront vendus en paquets, sacs, boîtes, tubes, flacons d'origine, on prélèvera quatre échantillons semblables après s'être assuré qu'ils sont identiques.

23. *Cacaos et chocolats en poudre ou granulés.* — Boîtes de deux cent cinqante grammes (250 gr.).

24. *Thés.* — Boîtes ou paquets de cent vingt-cinq grammes (125 gr.).

25. *Chicoreés.* — Paquets de cent-vingt-cinq grammes (125 gr.).

26. *Produits de la confiserie.* — Boîtes, paquets ou flacons, de cent vingt-cinq grammes (125 gr.).

27. *Pâtes alimentaires, tapioca, sagou, salep, arrow-root.* — Paquets de cent vingt-cinq grammes (125 gr.).

28. *Sucre vanillé ou à la vanilline.* — Sachets ou boîtes de vingt-cinq grammes (25 gr.)

29. *Moutardes en poudre.* — Boîtes de 125 grammes (125 gr.). Lorsqu'on prélèvera des produits en poudre, en grains ou en petits fragments, vendus au détail, on prendra la quantité nécessaire à constituer les quatre échantillons, on la placera sur une feuille de papier propre, puis on mélangera avec soin et on partagera en quatre tas semblables formant les quatre échantillons, chacun d'eux sera placé dans un sac de papier qui ne devra pas porter de marques.

30. *Poivre en grains.* — Cent grammes (100 gr.) par échantillon.

31. *Poivre en poudre, quatre épices, piment, gingembre, cannelle, muscade, girofle.* — Echantillon de 50 grammes.

Dans le cas où le produit aura été moulu par le débitant, on fera un prélèvement sur le produit en grains, ou entier qui aura servi à préparer la poudre.

32. *Safran.* — Dix grammes (10 gr.) par échantillon.

33. *Sucre en poudre.* — Cent vingt-cinq grammes (125 gr.) par échantillon.

34. *Thés.* — Cent vingt-cinq grammes (125 gr.) par échantillon.

35. *Pastilles et bonbons de chocolat, bonbons divers, boules de gomme, dragées, pastilles diverses.* — 125 grammes environ par échantillon.

36. *Pâtes alimentaires, semoules.* — Cent grammes (100 gr.) par échantillon.

37. *Fleurages.* — Deux cent cinquante grammes (250 gr.) par échantillon.

Pour les produits en tablette, en bâtons, en pains, en pièces pouvant être débitées en les vendant à l'unité, on relèvera les marques, cachets et étiquettes dont ils sont revêtus et on en mentionnera au procès-verbal le texte et la disposition. Chaque échantillon sera enveloppé d'une feuille de papier sans marques ou placé dans un sac de papier sans marque.

38. *Chocolat en tablettes, bâtons, croquettes, objets en chocolat.* — Cent vingt-cinq grammes (125 gr.) par échantillon.

39. *Pâtisseries sèches, petits fours, biscuits.* — Deux cent cinquante grammes (250 gr.) par échantillon.

40. *Suc de réglisse.* — Cinquante grammes (50 gr.) par échantillon.

41. *Vanille en gousses.* — Ce produit est généralement vendu en tubes de deux à trois gousses, on prélèvera quatre tubes semblables.

Les produits suivants seront soigneusement enveloppés dans une feuille de papier parcheminé ou paraffiné, puis enfermés dans un sac de papier sans marques.

42. *Pain d'épice.* — Deux cent cinquante grammes (250 gr.) par échantillon.

43. *Fruits secs, fruits confits ou glacés.* — Cent vingt-cinq grammes (125 gr.) par échantillon.

44. *Produits de la charcuterie : saucisses, cervelas, saucissons, andouilles andouillettes, pâtés de foie, galantine, rillettes, fromage de cochon, jambon, salaisons, lard fumé ou salé, poissons fumés ou salés.* —Cent cinquante grammes (150 gr.) par échantillon.

Prendre toutes précautions pour que les échantillons soient semblables.

45. *Fromages secs* (gruyère, hollande, roquefort, parmesan, etc.). — Prélever quatre morceaux aussi identiques que possible de cent vingt-cinq grammes (125 gr.) chacun.

46. *Pain.* — Prélever quatre échantillons de cent vingt-cinq grammes (125 gr.) environ, chacun aussi semblables que possible dans un même pain ou dans deux pains semblables.

V. — CONSERVES

On prélèvera quatre échantillons identiques c'est-à-dire qu'on s'assurera qu'ils portent les mêmes inscriptions, qu'ils sont du même modèle et du même prix.

47. *Conserves de viande, gibier, volaille, poisson, légumes, fruits, à l'huile, au vinaigre, au vin blanc, au sirop, au sel, etc., en boîtes en fer-blanc, terrines, bocaux ou flacons.* — On prélèvera quatre boîtes, terrines, bocaux ou flacons du plus petit modèle.

Paris, le 1er août 1906.

Gaston DOUMERGUE. RUAU.

MINISTÈRE DU COMMERCE et MINISTÈRE DE L'AGRICULTURE

MÉTHODES D'ANALYSES

POUR L'EXAMEN DES ÉCHANTILLONS PRÉLEVÉS

*Exécution de l'article 11 de la loi du 1er août 1905
et de l'article 12 du décret réglementaire du 31 juillet 1906*

ARRETE DU 18 JANVIER 1907

Analyse des vins ordinaires. — *Journal officiel* des 22 et 23 janvier 1907.

Alcools. — Eau-de-vie. — Liqueurs. — *Journal officiel* du 18 février 1907.

Farines. — Pains. — Pâtisseries. — Épices et Condiments. — *Journal officiel* du 4 mars 1907.

Laits. — *Journal officiel* du 9 mars 1907.

Matières grasses. — Huile d'olive. — Saindoux. — Beurre de cacao. — *Journal officiel* du 4 avril 1907.

Confitures. — Sirops. — Miels. — Limonades. — Sucres. — *Journal officiel* du 26 avril 1907.

Imp de J. Dumoulin, 5, rue des Grands-Augustins, Paris.